国家信息化发展战略纲要

人民出版社

图书在版编目（CIP）数据

国家信息化发展战略纲要. —北京：人民出版社，2016.7

ISBN 978－7－01－016587－5

Ⅰ.①国… Ⅱ. Ⅲ.①信息产业-经济发展战略-研究-
  中国 Ⅳ.①F49

中国版本图书馆 CIP 数据核字（2016）第 184082 号

国家信息化发展战略纲要

GUOJIA XINXIHUA FAZHAN ZHANLÜE GANGYAO

人民出版社 出版发行

（100706 北京市东城区隆福寺街 99 号）

北京新华印刷有限公司印刷 新华书店经销

2016 年 7 月第 1 版 2016 年 7 月北京第 1 次印刷

开本：880 毫米×1230 毫米 1/32 印张：1.25

字数：18 千字

ISBN 978－7－01－016587－5 定价：3.50 元

邮购地址 100706 北京市东城区隆福寺街 99 号

人民东方图书销售中心 电话 （010）65250042 65289539

目　　录

国家信息化发展战略纲要

当今世界，信息技术创新日新月异，以数字化、网络化、智能化为特征的信息化浪潮蓬勃兴起。没有信息化就没有现代化。适应和引领经济发展新常态，增强发展新动力，需要将信息化贯穿我国现代化进程始终，加快释放信息化发展的巨大潜能。以信息化驱动现代化，建设网络强国，是落实"四个全面"战略布局的重要举措，是实现"两个一百年"奋斗目标和中华民族伟大复兴中国梦的必然选择。

本战略纲要是根据新形势对《2006—2020 年国家信息化发展战略》的调整和发展，是规范和指导未来 10 年国家信息化发展的纲领性文件，是国家战略体系的重要组成部分，是信息化领域规划、政策制定的重要依据。

一、国家信息化发展的基本形势

（一）人类社会经历了农业革命、工业革命，正在经历信息革命。当前，以信息技术为代表的新一轮科技革命方兴未艾，互联网日益成为创新驱动发展的先导力量。信息技术与生物技术、新能源技术、新材料技术等交叉融合，正在引发以绿色、智能、泛在为特征的群体性技术突破。信息、资本、技术、人才在全球范围内加速流动，互联网推动产业变革，促进工业经济向信息经济转型，国际分工新体系正在形成。网信事业代表新的生产力、新的发展方向，推动人类认识世界、改造世界的能力空前提升，正在深刻改变着人们的生产生活方式，带来生产力质的飞跃，引发生产关系重大变革，成为重塑国际经济、政治、文化、社会、生态、军事发展新格局的主导力量。全球信息化进入全面渗透、跨界融合、加速创新、引领发展的新阶段。

随着世界多极化、经济全球化、文化多样化、社会信息化深入发展，全球治理体系深刻变革，谁在信息化上占据制高点,谁就能够掌握先机、赢得优势、赢得安全、赢得未来。发达国家持续推动信息技术创新,不断加快经济社会数字化进程,全力巩固领先优势。发展中国家抢抓产业链重组和调整机遇,以信息化促转型发展,积极谋求掌握发展主动权。世界各国加快网络空间战略布局,围绕关键资源获取、国际规则制定的博弈日趋尖锐复杂。加快信息化发展,建设数字国家已经成为全球共识。

(二)进入新世纪特别是党的十八大以来,我国信息化取得长足进展,但与全面建成小康社会、加快推进社会主义现代化的目标相比还有差距,坚持走中国特色信息化发展道路,以信息化驱动现代化,建设网络强国,迫在眉睫、刻不容缓。目前,我国网民数量、网络零售交易额、电子信息产品制造规模已居全球第一,一批信息技术企业和互联网企业进入世界前列,形成了较为完善的信息产业体系。信息技术应用不断深化,"互联网+"异军突起,经济社会数字化网络化转型步伐加快,网络空间正能量进一步汇聚增强,信息化在现代化建设全局中引领作用日益凸显。同时,我国信息化发展也存在比较突出的问题,主要是:核心技术和设备受制于人,信息资源开发利用不够,信息基础设施普及程度不高,区域和城乡差距比较明显,网络安全面临严峻挑战,网络空间法治建设亟待加强,信息化在促进经济社会发展、服务国家整体战略布局中的潜能还没有充分释放。

我国综合国力、国际影响力和战略主动地位持续增强,发展仍处于可以大有作为的重要战略机遇期。从国内环境看,我国已经进入新型工业化、信息化、城镇化、农业现代化同步发展的关键时期,信息革命为我国加速完成工业化任务、跨越"中等收入陷阱"、构筑国际竞争新优势提供了历史性机遇,也警示我们面临不进则退、慢进亦退、错失良机的巨大风险。站在新的历史起点,我们完全有能力依托大国优势和制度优势,加快信息化发展,推动我国社会主义现代化事业再上新台阶。

二、指导思想、战略目标和基本方针

(一)指导思想。高举中国特色社会主义伟大旗帜,全面贯彻落实党的十八大和十八届三中、四中、五中全会精神，以邓小平理论、"三个代表"重要思想、科学发展观为指导，深入学习贯彻习近平总书记系列重要讲话精神，紧紧围绕"五位一体"总体布局和"四个全面"战略布局，牢固树立创新、协调、绿色、开放、共享的发展理念，贯彻以人民为中心的发展思想，统筹国内国际两个大局，统筹发展安全两件大事，坚持走中国特色信息化发展道路，坚持与实现"两个一百年"奋斗目标同步推进，以信息化驱动现代化为主线，以建设网络强国为目标，着力增强国家信息化发展能力，着力提高信息化应用水平，着力优化信息化发展环境，推进国家治理体系和治理能力现代化，努力在践行新发展理念上先行一步，让信息化造福社会、造福人民，为实现中华民族伟大复兴的中国梦奠定坚实基础。

（二）战略目标

到 2020 年，固定宽带家庭普及率达到中等发达国家水平，第三代移动通信（3G）、第四代移动通信（4G）网络覆盖城乡，第五代移动通信（5G）技术研发和标准取得突破性进展。信息消费总额达到 6 万亿元，电子商务交易规模达到 38 万亿元。核心关键技术部分领域达到国际先进水平，信息产业国际竞争力大幅提升，重点行业数字化、网络化、智能化取得明显进展，网络化协同创新体系全面形成，电子政务支撑国家治理体系和治理能力现代化坚实有力，信息化成为驱动现代化建设的先导力量。

互联网国际出口带宽达到 20 太比特/秒（Tbps），支撑"一带一路"建设实施，与周边国家实现网络互联、信息互通，建成中国—东盟信息港，初步建成网上丝绸之路，信息通信技术、产品和互联网服务的国际竞争力明显增强。

到 2025 年，新一代信息通信技术得到及时应用，固定宽带家庭普及率接近国际先进水平，建成国际领先的移动通信网络，实现宽带网络无缝覆盖。信息消费总额达到 12 万亿元，电子商务交易规模达到 67 万亿元。根本改变核心关键技术受制于人的局面，形成安全可控的信息技术产业体系，电子政务应用和信息惠民水平大幅提高。实现技术先进、产业发达、应用领先、网络安全坚不可摧的战略目标。

互联网国际出口带宽达到 48 太比特/秒（Tbps），建成四大国际信息通道，连接太平洋、中东欧、西非北非、东南亚、中亚、印巴缅俄等国家和地区,涌现一批具有强大国际竞争力的大型跨国网信企业。

到本世纪中叶,信息化全面支撑富强民主文明和谐的社会主义现代化国家建设,网络强国地位日益巩固,在引领全球信息化发展方面有更大作为。

(三)基本方针

——统筹推进。信息化事关国家经济社会长期可持续发展、事关国家长治久安、事关人民群众福祉,必须胸怀大局、把握大势、着眼大事,统筹中央和地方,统筹党政军各方力量,统筹发挥市场和政府作用,统筹阶段性目标和长远目标,统筹各领域信息化发展重大问题,确保国家信息化全面协调可持续健康发展。

——创新引领。全面实施创新驱动发展战略,把创新发展作为应对发展环境变化、增强发展动力、把握发展主动权,更好引领经济发展新常态的根本之策,以时不我待、只争朝夕的精神,努力掌握核心技术,快马加鞭争取主动局面,占据竞争制高点。

——驱动发展。最大程度发挥信息化的驱动作用,实施国家大数据战略,推进"互联网+"行动计划,引导新一代信息技术与经济社会各领域深度融合,推动优势新兴业态向更广范围、更宽领域拓展,全面提升经济、政治、文化、社会、生态文明和国防等领域信息化水平。

——惠及民生。坚持以造福社会、造福人民为工作的出发点和落脚点,发挥互联网在助推脱贫攻坚中的作用,推进精准扶贫、精准脱贫,不断增进人民福祉;紧紧围绕人民期待和需求,以信息化促进基本公共服务均等化,让亿万人民在共享互联网发展成果上有更多获得感。

——合作共赢。坚持国家利益在哪里、信息化就推进到哪里,围绕"一带一路"建设,加强网络互联、促进信息互通,加快构建网络空间命运共同体;用好国内国际两个市场两种资源、网上网下两个空间,主动参与全球治理,不断提升国际影响力和话语权。

——确保安全。网络安全和信息化是一体之两翼、驱动之双轮,必须统一谋划、统一部署、统一推进、统一实施,做到协调一致、齐头并进;切实防范、控制和化解信息化进程中可能产生的风险，以安全保发展，以发展促安全，努力建久安之势、成长治之业。

三、大力增强信息化发展能力

（一）发展核心技术，做强信息产业

信息技术和产业发展程度决定着信息化发展水平。我国正处于从跟跑并跑向并跑领跑转变的关键时期，要抓住自主创新的牛鼻子，构建安全可控的信息技术体系，培育形成具有国际竞争力的产业生态，把发展主动权牢牢掌握在自己手里。

1. 构建先进技术体系。制定国家信息领域核心技术设备发展战略纲要，以体系化思维弥补单点弱势，打造国际先进、安全可控的核心技术体系，带动集成电路、基础软件、核心元器件等薄弱环节实现根本性突破。积极争取并巩固新一代移动通信、下一代互联网等领域全球领先地位，着力构筑移动互联网、云计算、大数据、物联网等领域比较优势。

2. 加强前沿和基础研究。加快完善基础研究体制机制,强化企业创新主体地位和主导作用,面向信息通信技术领域的基础前沿技术、共性关键技术,加大科技攻关。遵循创新规律,着眼长远发展,超前规划布局,加大投资保障力度,为前沿探索提供长期支持。实施新一代信息技术创新国际交流项目。

3. 打造协同发展的产业生态。统筹基础研究、技术创新、产业发展与应用部署,加强产业链各环节协调互动。提高产品服务附加值,加速产业向价值链高端迁移。加强专利与标准前瞻性布局,完善覆盖知识产权、技术标准、成果转化、测试验证和产业化投资评估等环节的公共服务体系。

4. 培育壮大龙头企业。支持龙头企业发挥引领带动作用,联合高校和科研机构打造研发中心、技术产业联盟,探索成立核心技术研发投资公司,打通技术产业化的高效转化通道。深化上市发审制度改革,支持创新型企业在国内上市。支持企业在海外设立研发机构和开拓市场,有效利用全球资源,提升国际化发展水平。

5. 支持中小微企业创新。加大对科技型创新企业研发支持力度,落实企业研发费用加计扣除政策,适当扩大政策适用范围。完善技术交易和企业孵化机制,构建普惠性创新支持政策体系。完善公共服务平台,提高科技型中小微企业自主创新和可持续发展能力。

(二)夯实基础设施,强化普遍服务

泛在先进的基础设施是信息化发展的基石。要加快构建陆地、海洋、天空、太空立体覆盖的国家信息基础设施,不断完善普遍服务,让人们通过网络了解世界、掌握信息、摆脱贫困、改善生活、享有幸福。

6.统筹规划基础设施布局。深化电信业改革,鼓励多种所有制企业有序参与竞争。统筹国家现代化建设需求,实现信息基础设施共建共享,推进区域和城乡协调发展。协调频谱资源配置,科学规划无线电频谱,提升资源利用效率。加强信息基础设施与市政、公路、铁路、机场等规划建设的衔接。支持港澳地区完善信息基础设施布局。

7.增强空间设施能力。围绕通信、导航、遥感等应用卫星领域,建立持续稳定、安全可控的国家空间基础设施。科学规划和利用卫星频率和轨道资源。建设天地一体化信息网络,增强接入服务能力,推动空间与地面设施互联互通。统筹北斗卫星导航系统建设和应用,推进北斗产业化和走出去进程。加强陆地、大气、海洋遥感监测,提升对我国资源环境、生态保护、应急减灾、大众消费以及全球观测的服务保障能力。

8. 优化升级宽带网络。扩大网络覆盖范围,提高业务承载能力和应用服务水平,实现多制式网络和业务协调发展。加快下一代互联网大规模部署和商用,推进公众通信网、广播电视网和下一代互联网融合发展。加强未来网络长期演进的战略布局和技术储备,构建国家统一试验平台。积极开展第五代移动通信(5G)技术的研发、标准和产业化布局。

9. 提高普遍服务水平。科学灵活选择接入技术,分类推进农村网络覆盖。发达地区优先推进光纤到村。边远地区、林牧区、海岛等区域根据条件采用移动蜂窝、卫星通信等多种方式实现覆盖。居住分散、位置偏远、地理条件恶劣的地区可结合人口搬迁、集中安置实现网络接入。完善电信普遍服务补偿机制,建立支持农村和中西部地区宽带网络发展长效机制,推进网络提速降费,为社会困难群体运用网络创造条件。

（三）开发信息资源，释放数字红利

信息资源日益成为重要的生产要素和社会财富，信息掌握的多寡、信息能力的强弱成为衡量国家竞争力的重要标志。当前，我国信息资源开发利用不足与无序滥用的现象并存，要加强顶层设计和系统规划，完善制度体系，全面提升信息采集、处理、传输、利用、安全能力，构筑国家信息优势。

10.加强信息资源规划、建设和管理。推动重点信息资源国家统筹规划和分类管理，增强关键信息资源掌控能力。完善基础信息资源动态更新和共享应用机制。创新部门业务系统建设运营模式，逐步实现业务应用与数据管理分离。统筹规划建设国家互联网大数据平台。逐步开展社会化交易型数据备份和认证，确保数据可追溯、可恢复。

11.提高信息资源利用水平。建立公共信息资源开放目录，构建统一规范、互联互通、安全可控的国家数据开放体系，积极稳妥推进公共信息资源开放共享。发展信息资源市场，促进信息消费。引导和规范公共信息资源增值开发利用，支持市场主体利用全球信息资源开展业务创新。

12. 建立信息资源基本制度体系。探索建立信息资产权益保护制度,实施分级分类管理,形成重点信息资源全过程管理体系。加强采集管理和标准制定,提高信息资源准确性、可靠性和可用性。依法保护个人隐私、企业商业秘密,确保国家安全。研究制定信息资源跨境流动管理办法。

(四)优化人才队伍,提升信息技能

人才资源是第一资源,人才竞争是最终的竞争。要完善人才培养、选拔、使用、评价、激励机制,破除壁垒,聚天下英才而用之,为网信事业发展提供有力人才支撑。

13. 造就一批领军人才。依托国家重大人才工程,加大对信息化领军人才支持力度,培养造就世界水平的科学家、网络科技领军人才、卓越工程师、高水平创新团队和信息化管理人才。吸引和扶持海外高层次人才回国创新创业,建立海外人才特聘专家制度,对需要引进的特殊人才,降低永久居留权门槛,探索建立技术移民制度,提高我国在全球配置人才资源能力。

14. 壮大专业人才队伍。构建以高等教育、职业教育为主体,继续教育为补充的信息化专业人才培养体系。在普通本科院校和职业院校中设置信息技术应用课程。推广订单式人才培养,建立信息化人才培养实训基地。支持与海外高水平机构联合开展人才培养。

15. 完善人才激励机制。采取特殊政策,建立适应网信特点的人事制度、薪酬制度、人才评价机制,打破人才流动的体制界限。拓宽人才发现渠道,支持开展创新创业大赛、技能竞赛等活动,善用竞争性机制选拔特殊人才。完善技术入股、股权期权等激励方式,建立健全科技成果知识产权收益分配机制。

16. 提升国民信息技能。改善中小学信息化环境,推进信息化基础教育。全面开展国家工作人员信息化培训和考核。实施信息扫盲行动计划,发挥博士服务团、大学生村官、大学生志愿服务西部计划、"三支一扶"等项目的作用,为老少边穷地区和弱势群体提供知识和技能培训。

(五)深化合作交流,拓展发展空间

互联网真正让世界变成了地球村,让国际社会越来越成为你中有我、我中有你的命运共同体。要积极开展双边、多边国际交流合作，共同应对网络安全面临的挑战，共同维护网络空间的公平正义，共同分享全球信息革命的机遇和成果。

17. 深化国际合作交流。加强在联合国、二十国集团、金砖国家、亚太经济合作组织、上海合作组织等国际框架和多边机制内的协调配合，推动建立信息化领域国际互信对话机制。组织搭建合作渠道，建设全球信息化最佳实践推广平台。实施中美、中欧、中英、中德数字经济合作项目。

18. 参与国际规则制定。积极参与国际网络空间安全规则制定。巩固和发展区域标准化合作机制，积极争取国际标准化组织重要职位。在移动通信、下一代互联网、下一代广播电视网、云计算、大数据、物联网、智能制造、智慧城市、网络安全等关键技术和重要领域，积极参与国际标准制定。鼓励企业、科研机构、社会组织和个人积极融入国际开源社区。

19. 拓展国际发展空间。推进"一带一路"建设信息化发展，统筹规划海底光缆和跨境陆地光缆建设，提高国际互联互通水平，打造网上丝绸之路。加快推动与周边国家信息基础设施互联互通,打通经中亚到西亚、经南亚到印度洋、经俄罗斯到中东欧国家等陆上通道,积极推进美洲、欧洲、非洲等方向海底光缆建设。合作建设中国—中亚信息平台、中国—东盟信息港、中阿网上丝绸之路。统筹规划我国全球网络设施建设,支持企业拓展海外业务与节点布局,提升我国在全球网络中的影响力。

20. 共建国际网络新秩序。坚持尊重网络主权、维护和平安全、促进开放合作、构建良好秩序的原则,推动建立多边、民主、透明的国际互联网治理体系。积极参与和推进互联网名称与数字地址分配机构(ICANN)国际化改革。加强国际网络空间执法合作,推动制定网络空间国际反恐公约。健全打击网络犯罪司法协助机制,共同维护网络空间和平安全。

四、着力提升经济社会信息化水平

(一)培育信息经济,促进转型发展

加快建设数字中国、大力发展信息经济是信息

化工作的重中之重。要围绕推进供给侧结构性改革,发挥信息化对全要素生产率的提升作用,培育发展新动力,塑造更多发挥先发优势的引领型发展,支撑我国经济向形态更高级、分工更优化、结构更合理的阶段演进。

21. 推进信息化和工业化深度融合。加快实施《中国制造2025》,推动工业互联网创新发展。以智能制造为突破口,加快信息技术与制造技术、产品、装备融合创新,推广智能工厂和智能制造模式,全面提升企业研发、生产、管理和服务的智能化水平。普及信息化和工业化融合管理体系标准,深化互联网在制造领域的应用,积极培育众创设计、网络众包、个性化定制、服务型制造等新模式,完善产业链,打造新型制造体系。

22. 加快推进农业现代化。把信息化作为农业现代化的制高点,推动信息技术和智能装备在农业生产经营中的应用,培育互联网农业,建立健全智能化、网络化农业生产经营体系,加快农业产业化进程。加强耕地、水、草原等重要资源和主要农业投入品联网监测,健全农业信息监测预警和服务体系,提高农业生产全过程信息管理服务能力,确保国家粮食安全和农产品质量安全。

23. 推进服务业网络化转型。支持运用互联网开展服务模式创新,加快传统服务业现代化进程,提高生活性服务业信息化水平。积极培育设计、咨询、金融、交通、物流、商贸等生产性服务业,推动现代服务业网络化发展。大力发展跨境电子商务,构建繁荣健康的电子商务生态系统。引导和规范互联网金融发展,有效防范和化解金融风险。发展分享经济,建立网络化协同创新体系。

24. 促进区域协调发展。转变城镇化发展方式,破解制约城乡发展的信息障碍,促进城镇化和新农村建设协调推进。加强顶层设计,提高城市基础设施、运行管理、公共服务和产业发展的信息化水平,分级分类推进新型智慧城市建设。实施以信息化推动京津冀协同发展、信息化带动长江经济带发展行动计划。支持港澳地区发展信息经济。

25. 夯实发展新基础。推进物联网设施建设,优化数据中心布局,加强大数据、云计算、宽带网络协同发展,增强应用基础设施服务能力。加快电力、民航、铁路、公路、水路、水利等公共基础设施的网络化和智能化改造。发挥信息化支撑作用,推动安全支付、信用体系、现代物流等新型商业基础设施建设,形成大市场、大流通、大服务格局,奠定经济发展新基石。

26. 优化政策环境。完善互联网企业资本准入制度,设立中国互联网投资基金,引导多元化投融资市场发展。发挥中国互联网发展基金会的作用,组建中国"互联网+"联盟,支持中小微互联网企业成长。深入推进简政放权、放管结合、优化服务。设立国家信息经济示范区。

(二)深化电子政务,推进国家治理现代化

适应国家现代化发展需要,更好用信息化手段感知社会态势、畅通沟通渠道、辅助科学决策。持续深化电子政务应用,着力解决信息碎片化、应用条块化、服务割裂化等问题,以信息化推进国家治理体系和治理能力现代化。

27. 服务党的执政能力建设。推进党委信息化工作,提升党委决策指挥的信息化保障能力。充分运用信息技术提高党员、干部、人才管理和服务的科学化水平。加强信息公开,畅通民主监督渠道,全面提高廉政风险防控和巡视工作信息化水平,增强权力运行的信息化监督能力。加强党内法规制度建设信息化保障,重视发挥互联网在党内法规制定和宣传中的作用。推进信息资源共享,提升各级党的部门工作信息化水平。

28. 提高政府信息化水平。完善部门信息共享机制,建立国家治理大数据中心。加强经济运行数据交换共享、处理分析和监测预警,增强宏观调控和决策支持能力。深化财政、税务信息化应用,支撑中央和地方财政关系调整,促进税收制度改革。推进人口、企业基础信息共享,有效支撑户籍制度改革和商事制度改革。推进政务公开信息化,加强互联网政务信息数据服务平台和便民服务平台建设,提供更加优质高效的网上政务服务。

29. 服务民主法治建设。建立健全网络信息平台,密切人大代表同人民群众的联系。加快政协信息化建设,推进协商民主广泛多层制度化发展。实施"科技强检",推进检察工作现代化。建设"智慧法院",提高案件受理、审判、执行、监督等各环节信息化水平,推动执法司法信息公开,促进司法公平正义。

30. 提高社会治理能力。加快创新立体化社会治安防控体系,提高公共安全智能化水平,全面推进平安中国建设。构建基层综合服务管理平台,推动政府职能下移,支持社区自治。依托网络平台,加强政民互动,保障公民知情权、参与权、表达权、监督权。推行网上受理信访,完善群众利益协调、权益保障机制。

31. 健全市场服务和监管体系。实施"多证合一"、"一照一码"制度,在海关、税务、工商、质检等领域推进便利化服务,加强事中事后监管与服务,实现服务前移、监管后移。以公民身份号码、法人和其他组织统一社会信用代码为基础,建立全国统一信用信息网络平台,构建诚信营商环境。建设食品药品、特种设备等重要产品信息化追溯体系,完善产品售后服务质量监测。加强在线即时监督监测和非现场监管执法,提高监管透明度。

32. 完善一体化公共服务体系。制定在线公共服务指南,支持各级政府整合服务资源,面向企业和公众提供一体化在线公共服务,促进公共行政从独立办事向协同治理转变。各部门要根据基层服务需求,开放业务系统和数据接口,推动电子政务服务向基层延伸。

33.创新电子政务运行管理体制。建立强有力的国家电子政务统筹协调机制,制定电子政务管理办法,建立涵盖规划、建设、应用、管理、评价的全流程闭环管理机制。大力推进政府采购服务,试点推广政府和社会资本合作模式,鼓励社会力量参与电子政务建设。鼓励应用云计算技术,整合改造已建应用系统。

(三)繁荣网络文化,增强国家软实力

互联网是传播人类优秀文化、弘扬正能量的重要载体。要始终坚持社会主义先进文化前进方向,坚持正确舆论导向,遵循网络传播规律,弘扬主旋律,激发正能量,大力培育和践行社会主义核心价值观,发展积极向上的网络文化,把中国故事讲得愈来愈精彩,让中国声音愈来愈洪亮。

34.提升网络文化供给能力。实施网络内容建设工程。加快文化资源数字化建设,提高网络文化生产的规模化、专业化水平。整合公共文化资源,构建公共文化服务体系,提升信息服务水平。引导社会力量积极开发适合网络传播特点、满足人们多样化需求的网络文化产品。

35. 提高网络文化传播能力。完善网络文化传播机制,构建现代文化传播体系。推动传统媒体和新兴媒体融合发展,有效整合各种媒介资源和生产要素。实施中华优秀文化网上传播工程,加强港澳地区网络传播能力建设,完善全球信息采集传播网络,逐步形成与我国国际地位相适应的网络国际传播能力。

36. 加强网络文化阵地建设。做大做强中央主要新闻网站和地方重点新闻网站,规范引导商业网站健康有序发展。推进重点新闻网站体制机制创新。加快党报党刊、通讯社、电台电视台数字化改造和技术升级。推动文化金融服务模式创新,建立多元网络文化产业投融资体系。鼓励优秀互联网企业和文化企业强强联合,培育一批具有国际影响力的新型文化集团、媒体集团。

37. 规范网络文化传播秩序。综合利用法律、行政、经济和行业自律等手段,规范网络信息传播秩序。坚决遏制违法有害信息网上传播,巩固壮大健康向上的主流舆论。完善网络文化服务市场准入和退出机制,加大网络文化管理执法力度,打击网络侵权盗版行为。

(四)创新公共服务,保障和改善民生

围绕人民群众最关心最直接最现实的利益问题,大力推进社会事业信息化,优化公共服务资源配置,降低应用成本,为老百姓提供用得上、用得起、用得好的信息服务,促进基本公共服务均等化。

38.推进教育信息化。完善教育信息基础设施和公共服务平台,推进优质数字教育资源共建共享和均衡配置,建立适应教育模式变革的网络学习空间,缩小区域、城乡、校际差距。建立网络环境下开放学习模式,鼓励更多学校应用在线开放课程,探索建立跨校课程共享与学分认定制度。完善准入机制,吸纳社会力量参与大型开放式网络课程建设,支撑全民学习、终身教育。

39.加快科研信息化。加强科研信息化管理,构建公开透明的国家科研资源管理和项目评价机制。

建设覆盖全国、资源共享的科研信息化基础设施,提升科研信息服务水平。加快科研手段数字化进程,构建网络协同的科研模式,推动科研资源共享与跨地区合作,促进科技创新方式转变。

40. 推进智慧健康医疗服务。完善人口健康信息服务体系,推进全国电子健康档案和电子病历数据整合共享,实施健康医疗信息惠民行动,促进和规范健康医疗大数据应用发展。探索建立市场化远程医疗服务模式、运营机制和管理机制,促进优质医疗资源纵向流动。加强区域公共卫生服务资源整合,探索医疗联合体等新型服务模式。运用新一代信息技术,满足多元服务需求,推动医疗救治向健康服务转变。

41. 提高就业和社会保障信息化水平。推进就业和养老、医疗、工伤、失业、生育、保险等信息全国联网。建立就业创业信息服务体系,引导劳动力资源有序跨地区流动,促进充分就业。加快社会保障"一卡通"推广和升级,实行跨地区应用接入,实现社会保险关系跨地区转移接续和异地就医联网结算。加快政府网站信息无障碍建设,鼓励社会力量为残疾人提供个性化信息服务。

42.实施网络扶贫行动计划。构建网络扶贫信息服务体系,加快贫困地区互联网建设步伐,扩大光纤网、宽带网有效覆盖。开展网络公益扶贫宣传,鼓励网信企业与贫困地区结对帮扶,开发适合民族边远地区特点和需求的移动应用,建立扶贫跟踪监测和评估信息系统。

(五)服务生态文明建设,助力美丽中国

建设生态文明是关乎人民福祉和民族未来的长远大计。要着力破解资源约束趋紧、环境污染严重、生态系统退化问题,构建基于信息化的新型生态环境治理体系,加快建设天蓝、地绿、水净的美丽中国。

43.创新资源管理和利用方式。开展国家自然生态空间统一确权登记。整合自然生态空间数据,优化资源开发利用的空间格局和供应时序。完善自然资源监管体系,逐步实现全程、全覆盖动态监管,提高用途管制能力。探索建立废弃物信息管理和交易体系,形成再生资源循环利用机制。

44.构建新型生态环境治理体系。健全环境信息公开制度。实施生态文明和环境保护监测信息化工程,逐步实现污染源、污染物、生态环境全时监测,提高区域流域环境污染联防联控能力。推动建立绿色低碳循环发展产业体系,鼓励有条件地区探索开展节能量、碳排放权、排污权、水权网上交易。利用信息技术提高生态环境修复能力,促进生态环境根本性改善。

(六)加快信息强军,构建现代军事力量体系

积极适应国家安全形势新变化、信息技术发展新趋势和强军目标新要求,坚定不移把信息化作为军队现代化建设发展方向,贯彻军民融合深度发展战略思想,在新的起点上推动军队信息化建设跨越发展。

45.加强体系化建设。创新发展信息化军事理论,加强信息化建设集中统管,发挥作战需求牵引作用,推进机械化信息化有机融合。完善信息基础设施,推动指挥信息系统集成运用,加大信息资源开发利用力度,构建信息安全防御体系,全面提高打赢信息化局部战争能力。

46.提高实战化训练水平。适应战争形态演变趋势,依托网络信息系统,开展以信息主导、体

系对抗、精确作战、全域机动、网络防控为主要特征的检验性、对抗性演习,推进军事训练向实战化转变,提高以夺取制信息权为核心的战场综合控制权能力。

47. 深化军事斗争准备。充分发挥信息化融合、渗透作用,深化国防和军队改革,推进军队组织形态现代化。健全国防信息动员领导管理体制机制,完善国防信息动员与应急保障预案。大力培养信息化作战指挥、信息技术专业、信息系统组织运用及操作维护等作战急需人才,不断增强官兵运用信息系统和信息化装备打胜仗的能力。

五、不断优化信息化发展环境

(一)推进信息化法治建设

依法推进信息化、维护网络安全是全面依法治国的重要内容。要以网络空间法治化为重点,发挥立法的引领和推动作用,加强执法能力建设,提高全社会自觉守法意识,营造良好的信息化法治环境。

48. 完善信息化法律框架。以网络立法为重点，加快建立以促进信息化发展和强化网络安全管理为目标，涵盖网络基础设施、网络服务提供者、网络用户、网络信息等对象的法律、行政法规框架。

49. 有序推进信息化立法进程。坚持急用先行，加快出台急需法律法规和规范性文件。强化网络基础设施保护，加快制定网络安全法、电信法、电子商务法，研究制定密码法。加强网络用户权利保护，研究制定个人信息保护法、未成年人网络保护条例。规范网络信息服务与管理，修订互联网信息服务管理办法。研究制定电子文件管理条例。完善司法解释，推动现有法律延伸适用到网络空间。

50. 加强执法能力建设。加强部门信息共享与执法合作，创新执法手段，形成执法合力。理顺网络执法体制机制，明确执法主体、执法权限、执法标准。

(二)加强网络生态治理

网络空间是亿万民众共同的精神家园。网络空间天朗气清、生态良好，符合人民利益。坚持正能量是总要求、管得住是硬道理，创新改进网上正面宣传,加强全网全程管理,建设为民、文明、诚信、法治、安全、创新的网络空间,使网络空间清朗起来。

51. 强化互联网管理。坚持积极利用、科学发展、依法管理、确保安全的方针,建立法律规范、行政监管、行业自律、技术保障、公众监督、社会教育相结合的网络治理体系。落实网络身份管理制度,建立网络诚信评价体系,健全网络服务提供者和网民信用记录,完善褒奖和惩戒机制。加强互联网域名、地址等基础资源管理,确保登记备案信息真实准确。强化网络舆情管理,对所有从事新闻信息服务、具有媒体属性和舆论动员功能的网络传播平台进行管理。依法完善互联网信息服务市场准入和退出机制。

52. 形成全社会参与的治理机制。坚持依法治网,加快建立政府引领,企业、社会组织、技术社群、公民共同参与、相互协作的互联网治理机制。强化互联网企业的主体责任,引导企业公平竞争、自我管理和改善服务。建立健全网络社会组织,充分发挥社会组织自我管理、自我监督作用。加强社会力量引导,积极培育"中国好网民"。

53. 维护公民合法权益。依法保护信息自由有序流动,切实保障公民基本权利和自由。全面规范企业和个人信息采集、存储、使用等行为,防范信息滥用。加强个人数据保护,依法打击网络违法犯罪。

(三)维护网络空间安全

树立正确的网络安全观,坚持积极防御、有效应对,增强网络安全防御能力和威慑能力,切实维护国家网络空间主权、安全、发展利益。

54. 维护网络主权和国家安全。依法管理我国主权范围内的网络活动,坚定捍卫我国网络主权。坚决防范和打击通过网络分裂国家、煽动叛乱、颠覆政权、破坏统一、窃密泄密等行为。

55. 确保关键信息基础设施安全。加快构建关键信息基础设施安全保障体系,加强党政机关以及重点领域网站的安全防护,建立政府、行业与企业网络安全信息有序共享机制。建立实施网络安全审查制度,对关键信息基础设施中使用的重要信息技术产品和服务开展安全审查。健全信息安全等级保护制度。

56. 强化网络安全基础性工作。加强网络安全基础理论研究、关键技术研发和技术手段建设,建立完善国家网络安全技术支撑体系,推进网络安全标准化和认证认可工作。提升全天候全方位感知网络安全态势能力,做好等级保护、风险评估、漏洞发现等基础性工作,完善网络安全监测预警和网络安全重大事件应急处置机制。实施网络安全人才工程,开展全民网络安全教育,提升网络媒介素养,增强全社会网络安全意识和防护技能。

六、体制保障和组织实施

要加强统筹协调,有力整合资源,形成推进合力,切实将各项战略任务落到实处,确保战略目标如期实现。

(一)强化组织领导。坚持中央网络安全和信息化领导小组对国家信息化发展的集中统一领导,信息化领域重大政策和事项须经领导小组审定。各级网络安全和信息化领导小组要加强统筹,研究解决本地区信息化发展中的重大问题。

（二）健全工作机制。中央网络安全和信息化领导小组办公室负责统筹协调本战略纲要的实施和督促检查。各级网络安全和信息化主管部门要充分发挥组织协调作用，加强部门、行业、区域、军地间合作，形成统一领导、分工合理、责任明确、运转顺畅的信息化推进机制。加快中国特色新型信息化智库建设，完善重大政策、重大项目专家咨询制度。

（三）完善配套政策。各地区各部门要将本战略纲要提出的任务与经济社会发展规划有效衔接、同步推进，制定好"十三五"信息化发展规划和相关专项规划。相关部门要加快完善产业、财税、金融、科技、教育等领域配套政策措施，加大财政投入和管理，重点支持关键性、基础性、公共性领域的信息化建设和网络安全保障。加大政府购买服务力度，创新信息化投融资机制，在信息化领域实行有利于商业运作、持续运营的政策，为社会投资参与创造条件。

（四）加强督促落实。各地区各部门要按照职责分工细化任务，明确时限，逐级落实。建立和完善信息化统计指标体系，加强信息化统计监测和评估工作,组织开展战略实施年度检查与绩效评估。加大信息化工作考核力度,将考核结果作为评价有关领导干部的内容。

（新华社北京 2016 年 7 月 27 日电）